J. POISLE DESGRANGES

M. VIENNET

ESQUISSE BIOGRAPHIQUE

L'indépendance fut sa loi.

PRIX : 50 CENTIMES

PARIS

E. DENTU, LIBRAIRE-ÉDITEUR

Palais-Royal, 17 et 19, galerie d'Orléans

1868

J. POISLE DESGRANGES

M. VIENNET

ESQUISSE BIOGRAPHIQUE

L'indépendance fut sa loi.

PARIS

E. DENTU, LIBRAIRE-ÉDITEUR

Palais-Royal, 17 et 19, galerie d'Orléans

1868

M. VIENNET

L'Académie française a un fauteuil vacant, sous le n° 24. Ce fauteuil était occupé, depuis 1830, par M. Viennet qui a remplacé M. le comte de Ségur, nommé membre en 1803. M. Viennet est mort au Val-Saint-Germain, le 10 juillet dernier. Ses funérailles ont eu lieu à Paris le 14 du même mois, en présence d'une foule compacte de littérateurs, de libres penseurs, d'hommes de bien appartenant aux différents rites de l'ordre maçonnique, et de membres du Corps législatif parmi lesquels je puis nommer M. Garnier Pagès et M. Jules Simon. Il était ancien député, ancien pair de France, lieutenant-colonel d'état-major en retraite, commandeur de la légion d'honneur, chevalier de Saint-Louis, commandeur de l'ordre du Sauveur de Grèce, et grand-maître du rite écossais.

Né à Béziers, le 18 novembre 1777, il avait par conséquent plus de 90 ans. Ce grand âge n'avait rien abaissé de la taille majestueuse de l'homme courageux qui lutta contre les novateurs à principes ridicules ou exagérés, et qui sut rester fidèle aux principes de l'honneur comme à ceux de la poésie.

Dans sa lettre datée du 15 novembre 1867, il nous écrivait : « Je vous félicite, je vous remercie de protester par de bons exemples contre le mauvais goût qui nous domine et qu'à mon âge je désespère de voir finir. Dans trois jours j'aurai accompli mes 90 ans... Il y en a 63 que je fais des vers.... J'ai vu trois générations de poètes, et je puis dire aux novateurs ce que Nestor disait à ses compagnons : J'ai connu des hommes qui valaient mieux que vous... Je pars pour le midi, où je compte passer l'hiver. Les médecins prétendent que j'en reviendrai. Si Dieu le veut, j'en serai bien aise.....»

Les muses ont eu de tout temps le don de savoir apaiser le flot qui aurait pu lancer M. Viennet dans les tourmentes politiques contre lesquelles il craignait parfois de se heurter.

Il confesse, dans la préface de l'un de ses ouvrages, qu'il n'avait qu'une passion réelle : celle de la gloire sans alliage de lucre.

« Je n'étais pas, dit-il, un de ces esprits irrésolus, prêts à se jeter à l'aventure dans la première lice dont la barrière se trouve levée, et qui deviennent des César ou des Mandrin, des Richelieu, ou des Dubois, suivant qu'il plaît à la fortune. Non ; mon ambition était attachée à une idée fixe.... Je visais à la gloire des grands poètes. Une statue de Corneille, de Molière, de Voltaire, me tenait en extase. Mes yeux se mouillaient malgré moi. Les statues d'Alexandre, de Louis XIV, de Sully, me laissaient froid comme le marbre dont elles étaient faites. »

Ce qui vient à l'appui de cette confession est sans contredit la conduite de M. Viennet. Il aurait pu comme tant d'autres devenir ministre, mais il ne le fut pas. Il se contenta du titre de pair de France sous Louis-Philippe, lui dont la voix ferme avait lu, le 31 juillet, sur le balcon de l'hôtel-de-ville, la proclamation du lieutenant général du royaume.

Au début de sa carrière, la cure de Saint-Merry, était occupée par un oncle qui lui en promettait l'héritage, cette cure lui échappa par suite de la révolution de 1789. Et la fortune le poussa, c'est lui qui parle, dans le cul-de-sac de l'artillerie de marine. J'ajoute qu'il s'y distingua et que si *son diable de caractère* prêt à dire toujours *non* fut nuisible à son avancement, il n'en eut pas moins l'estime des honnêtes gens.

Il composa aux armées plusieurs tragédies, notamment *Clovis* dont Talma, Lafon et Saint-Prix, entendirent la lecture avant que l'auteur fut dirigé sur Mayence.

Son départ de Paris lui valut le triste spectacle des désastres de la guerre en Saxe, et les prisons de la Poméranie. Mis en liberté, il revit la France et y trouva de nouvelles lois sous un nouveau règne.

« Le hasard, dit-il, m'ouvrit asile dans le petit état-major d'un prince ami des arts et des lettres. Une heure de travail tout au plus, des appointements qui suffisent à ma modeste existence, de la bienveillance, une protection assurée, je vogue....

Un coup de vent souffle de l'île d'Elbe, et ma petite barque est encore une fois renversée. Si ma conscience l'eût voulu cependant, je pouvais passer par Gand pour revenir aux Tuileries. Pas possible de lui faire entendre raison ! Elle me dit qu'il ne fallait jamais quitter sa patrie, jamais déserter sa cause..... »

En effet, jusqu'au dernier jour M. Viennet conserva son indépendance, et je ne pense pas qu'en qualité d'homme droit il ait suivi des lignes courbes.

Ses écrits sont empreints d'une logique serrée qui ne se dément point. Il est parfois brusque dans ses récits, à l'instar du vieux grognard, et il donne volontiers des coups de boutoirs comme le sanglier que l'on a attaqué ; mais il le fait pour se défendre et non pour faire le mal. Cette façon d'agir est peut-être la cause pour laquelle Louis Cormenin nous écrivait ces mots : Les fables de M. Viennet sont des malices pointues.

Personne plus que l'illustre académicien ne fut maltraité par la presse. Son habit, en 1830, dont on blâma la couleur se conserva néanmoins, pur de toute tache. Il laissa pleuvoir sur lui une grêle d'outrages qu'il aurait pu abattre avec son épée et qui retomba sur ses détracteurs.

« On répétait, dit-il, les titres de mes ouvrages, et sans avoir le premier mot du texte, on chargeait le tout de quolibets, de sarcasmes et de balourdises. On a compté jusqu'à cinq cents épigrammes par année contre ma personne, ma figure, mes poésies, ma cravate, mes discours de tribune, mon épi de cheveux rebelles et ma redingote verte. Tout échappé du collége qui entrait dans un feuilleton essuyait sa plume sur ma friperie, et croyait me devoir son premier coup de pied. »

M. Viennet n'a jamais eu la patience d'un capucin, et par conséquent n'a jamais fait partie de ceux auxquels il faut tirer deux fois la barbe pour les faire crier.

Je me rappelle qu'un voyageur partant par la malle-poste eut la maladresse de repousser violemment le sac de nuit de notre pair de France, mis simplement ce jour-là comme tous les autres jours de la semaine.

Celui-ci fronça le sourcil, et sa voix de tonnerre se fit entendre. Le voyageur ne craignait pas l'orage et tonna de son côté ; mais il fit le fanfaron.

Son adversaire lui répliqua d'un ton brusque :

— Je n'ai pas le temps de guerroyer ce soir, et je ne vous suivrai point puisque nous ne partons pas avec le même courrier ; mais dans huit jours je serai de retour à Paris.... Je me nomme : Viennet. Voici ma carte.... Si le sac de nuit, qui vous a gêné, vous doit une réparation, venez me trouver, je vous donnerai satisfaction complète !...

A côté de l'emportement, M. Viennet faisait asseoir la bonhommie la plus grande et la plus douce humilité.

Aucune lettre d'un confrère ne restait sans réponse. S'il tardait à lui écrire, « Je rougis de ma négligence, » disait-il plus tard en s'excusant avec une allure des plus franches et dépourvue de flatterie.

Il ne craignait pas, en tête-à-tête avec un jeune poète, de lui dire : Vos vers ne sont pas bons ! J'en ai fait d'aussi pitoyables, et mon poème sur le siége de Damas ne vaut pas le diable !

Comme auteur, M. Viennet n'a jamais laissé reposer un instant sa plume.

Nous pouvons citer tout un volume d'épîtres et de satires, des comédies, des tragédies, des poèmes, des dialogues, des épigrammes, des histoires, des romans et des articles dans le dictionnaire de la Conversation et de la Lecture.

Deux volumes de fables dont le premier a paru en 1843, lui ont valu l'approbation des connaisseurs et les applaudissements unanimes du public aux séances de l'Académie française, et à celles de la Société philotechnique.

Ses épîtres et satires sont mordantes. L'esprit n'est pas ce qui leur manque.

L'épître adressée : *Aux chiffonniers* a eu beaucoup de succès en 1827. Celle intitulée : *Aux Mules de Don Miguel*, à l'occasion de sa chûte en 1829, est très-violente. En voici quelques vers :

Qu'un bâtard de Fréron, aux feuilles mensongères,
Ameute contre moi ces petits séminaires ;
Qu'en rangeant ses bouquins le libraire Colnet
Broie encor l'ironie au fond de son cornet ;
Qu'armant leurs légions de sots et d'hypocrites,
Montrouge et Saint-Acheul, arsenaux des jésuites,
Pour venger de mes vers Ignace et Don Miguel,
Rabâchent les grands noms du trône et de l'autel ;
Que tout clerc ou laïque, allaité de leur bile
Pour aboyer sur moi se transforme en zoïle,
Et de la calomnie aiguisant les poignards
Des gamins ameutés m'attire les brocards ;

Et si ce n'est assez des bigots de Lutèce,
Qu'aux charniers de Lyon la cafarde renaisse ;
Que tous les capucins, dans Marseille vomis,
Nasillent l'anathème en latin d'A-Kempis ;
Que Grivel, dans Fribourg, Montrouge d'Helvétie,
A la Ganganelli traite mon effigie ;
Que la ligue nouvelle et ses inquisiteurs
Livrent ma renommée aux crocs des délateurs,
Me marquent d'un index et m'inscrivent d'avance
Pour les auto-da-fé que rêve leur démence,
Je me ris de leur clique, et veux, en dépit d'eux,
Transmettre votre gloire à nos derniers neveux....

L'épitre : *A tout le monde*, publiée en 1848, fut reproduite dans nos grands journaux. Un livre qui précédemment avait fait son chemin dans le monde littéraire, c'est celui que l'auteur publiait en 1824, sous le titre de : *Promenade philosophique au cimetière du Père Lachaise.* Prose et vers s'y unissent pour plaire au lecteur désireux de parcourir le jardin où reposent d'illustres morts.

Un ouvrage capital c'est celui qu'il donna récemment : *Histoire de la Papauté.* Deux volumes in-octavo publiés chez Dentu.

A l'âge de 83 ans, il composa les six derniers chants d'un poème épique : *La Franciade,* qu'il avait commencé en 1812. Une intéressante préface de l'auteur est précédée d'une introduction flatteuse et brillamment écrite par M. Jules Janin.

M. Viennet avait l'esprit gaulois uni à la franchise. Sous son écorce dure en apparence, se cachait un cœur sensible. Il était de la nature des gens qui ne veulent pas qu'on trouve des larmes à leurs yeux, et qui s'efforcent de rire ou de se mettre en colère tout en pleurant néanmoins comme les autres hommes. Il ne comprenait pas qu'on se fît attendre ou qu'on manquât à sa parole.

Il ne manquait pas à la sienne.

Je l'ai connu serviable et prêt à secourir des infortunes littéraires. Son orgueil n'était pas aussi démesuré qu'on a pu le dire. Il confessait naïvement ses torts comme l'eût fait un enfant.

Sa franchise brutale, mais sincère aurait dû désarmer tous ses antagonistes. Mais en a-t-il aujourd'hui, je le demande ? Beaucoup de journaux lui ont rendu justice après sa mort, et se sont plu à rappeler que cet homme cruel envers les romantiques a donné à M. Victor-Hugo la voix qui lui manquait pour entrer à l'Académie.

— Mieux vaut, dit-il, cet homme de lettres qu'un grand personnage !

Il assistait régulièrement aux réunions et banquets des nombreuses sociétés auxquelles il appartenait. Chez lui l'ouïe avait sensiblement faibli vers ces derniers temps ; mais il ne s'en affectait pas. Un jour qu'il était assis près de nous à l'un de nos concerts de la Société philotechnique, il me demanda pour quel motif on gardait le silence.

— Pardon, lui répondis-je, un ténor chante en ce moment.

— Je ne l'entends pas... Je ne l'entends pas !... répéta-t-il. Ce n'est pas étonnant, hier à Saint-Germain, un coup de vent m'a emporté les oreilles.

Il ne se servait pas de lunettes pour lire ses œuvres en public, et la plupart du temps il récitait ses fables de mémoire. On aimait le ton dégagé avec lequel il s'exprimait et l'on applaudissait à sa verve juvénile et au maintien de sa belle vieillesse.

L'auteur n'est plus ! Ses apologues, ses épîtres et d'autres œuvres encore lui survivront....

C'est près de la tombe de M. de Morny, sur un coteau du Père Lachaise, où l'œil domine tout

Paris, que furent déposées les dépouilles mortelles de M. Viennet, dans un caveau où repose, depuis le mois de mars 1866, le corps de Mme Viennet, morte à la suite des blessures que lui causèrent une voiture qui l'avait renversée.

Ce coteau du Père Lachaise avait été choisi par M. Viennet qui était venu s'y asseoir fort souvent pour y rêver en liberté loin du bruit de la capitale.

Qu'il y sommeille paisiblement près de sa compagne !

La pierre qui les recouvre est de granit. On y lit simplement deux noms :

J.-P.-G. VIENNET. — Mme VIENNET.

Les académiciens qui ont tenu les cordons du char funèbre étaient M. Villemain et M. Patin. M. de Pongerville nous disait à part avec une profonde émotion :

— Ce n'est pas seulement un bon confrère que je perds, c'est un ami que j'avais depuis cinquante ans !

On prononça cinq discours sur la tombe de M. Viennet. M. Patin et M. Jules Simon furent du nombre des orateurs dont la voix sut se faire entendre avec profit malgré les ardeurs d'un soleil accablant pour tous les assistants.

Mon récit pourrait paraître un peu long; je m'arrête pour laisser le champ libre aux écrivains qui voudront parler plus amplement des travaux et du savoir-vivre de leur honorable confrère. Pour ma part, je tenais à rendre un dernier hommage à l'homme bienveillant qui fut l'un des premiers à encourager mes débuts littéraires et qui, en 1853, voulut bien promettre des succès à mon premier recueil de fables.

M. Viennet ne laisse pas qu'un siége vacant. Membre de la Société des gens de lettres, de la Société des auteurs dramatiques, de la Société philotechnique, etc., il était en outre président honoraire de la Société des travaux littéraires artistiques et scientifiques que j'ai l'honneur aussi de présider.

P. S. Est-il vrai qu'à sa dernière heure M. Viennet ait accepté les secours de la religion ? Telle est la question de certaines personnes.

Je demanderai aux gens qui ont découvert l'affirmative s'il était bien nécessaire de frapper un coup maladroit pour défigurer une de nos plus belles médailles ?

Qu'ils nous disent ce qu'a pu rapporter au clergé la confession d'un vieillard *in extremis?* Un aveu ! Nous le connaissons d'avance. M. Viennet n'a-t-il pas été honnête toute sa vie?

Puis, à quoi bon traiter d'homme faible celui qui tombe usé par l'âge ? Cet homme, au temps de la lutte tenait fermement dans ses mains le drapeau de l'indépendance et de l'honneur. Fasse mieux qui pourra ! C'est en résumé une mauvaise chicane que celle qu'on lui a cherchée. Elle ressemble fort à la logique de ces épicuriens qui n'admettaient pas qu'un de leurs disciples qui avait toujours bu du vin, acceptât un verre d'eau même au moment de mourir.

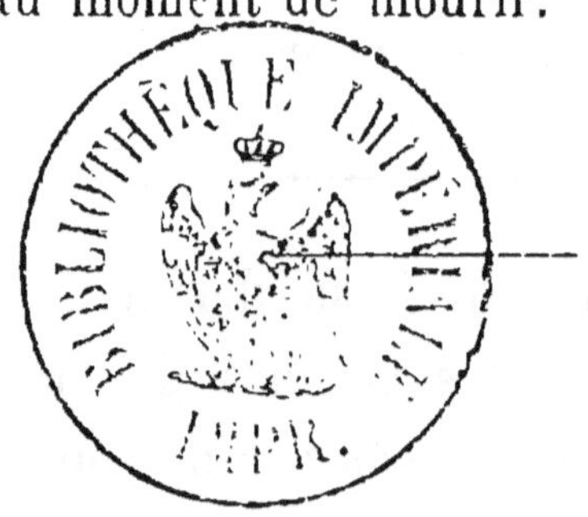

AMIENS. TYP. LAMBERT-CARON.

AMIENS. — TYPOGRAPHIE LAMBERT-CARON.

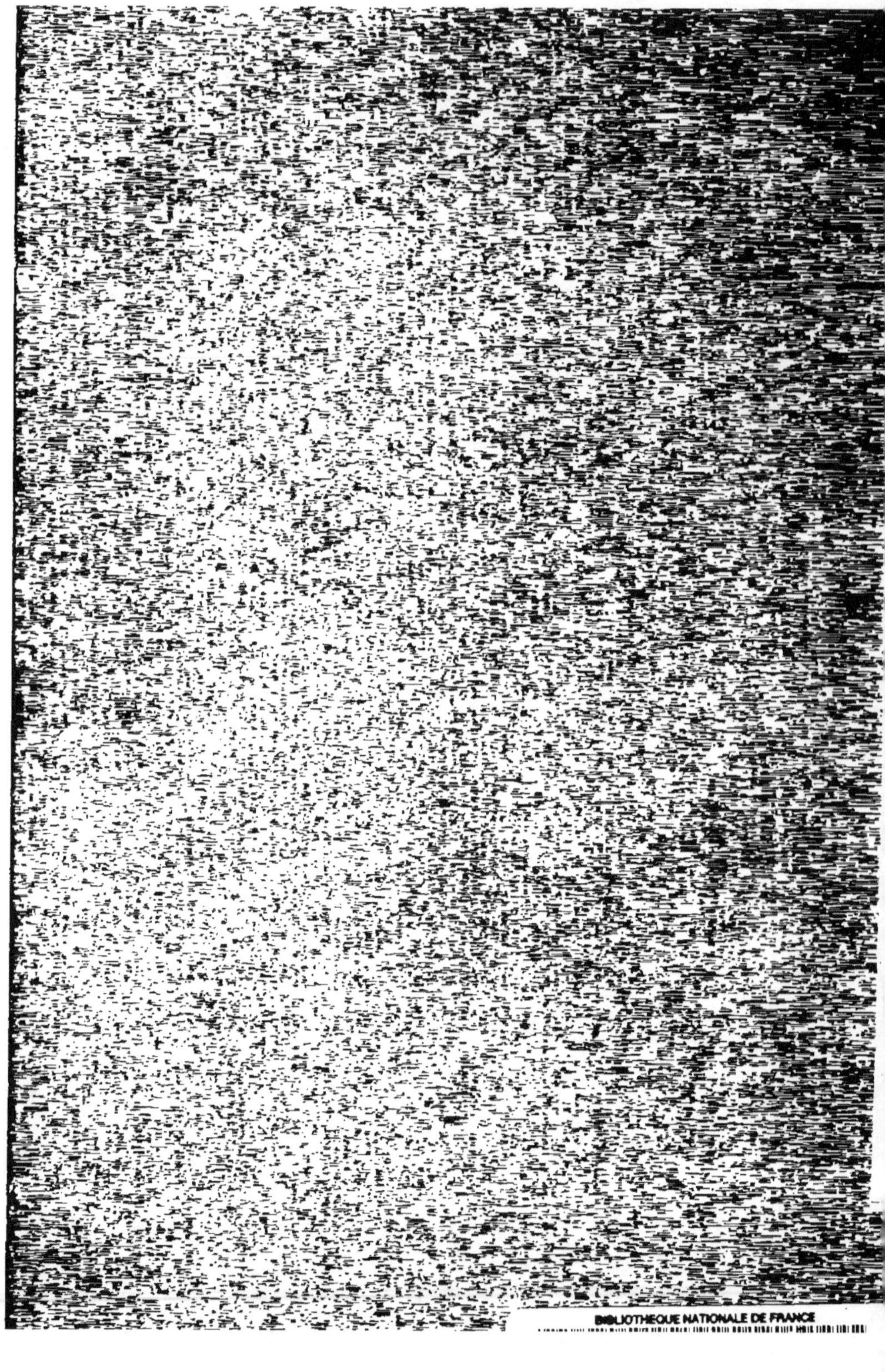

www.ingramcontent.com/pod-product-compliance
Lightning Source LLC
LaVergne TN
LVHW010251230826
846091LV00007B/2911